Diverse Leben in Einem

von Gerd Steinkoenig

VORWORT

Gerd Steinkoenig

6 Std. ·

Meine Bestätigung... In meinem Buch Die Story von populärer Musik (2021) waren diese Alben auch bei mir die Top 3..... Als Info: Die Dark Side war auf Platz 3 (nicht nur zeitlos-Billboard-Wochen).

Musik

DAS BESTE AUS VINYL

Gestern war Tag der Schallplatte

„Thriller" (1982)

Mit 67 Mio. ist das sechste Album von Michael Jackson († 50) das meistverkaufte aller Zeiten, 7 Single-Auskopplungen (u. a. „Billie Jean" und „Beat It").

„Back in Black" (1980)

Die australischen Rocker von AC/DC stehen mit mehr als 50 Mio. verkauften Alben auf Platz 2, 4 Single-Auskopplungen (u. a. „Hells Bells").

„The Dark Side Of The Moon" (1973)

Das Album (50 Mio. verkauft) von Pink Floyd ist ein zeitloser Dauerbrenner, war 741 Wochen in den Billboard-Charts. Hit: („Money").

ILLUSTRATION RAFAL PIEKARSKI, FOTOS: INGENIOUS MEDIA, ROWOLTH VERLAG

FOTOS: SONY MUSIC, CAPITOL RECORDS, ATLANTIC RECORDS

KAPITEL 1

DIVERSE LEBEN IN EINEM (NEW LIFE-VERSION)

1966 als Kind mit Sonntagsanzug, brav mit den Eltern

1972 erstmals Offical Elternhaus Schwedelbach

1972/1973 erstmals "Bravo", alleine Ferien in

Ofterschwang, St. Peter-Ording mit Sweet, Slade

Middle Of The Road, ZDF-Hitparade, Iljas Disco

In den 1970ern/1980ern Good Times Bad Times

Urlaube mit den Eltern in Österreich, Südtirol, Isny

Meine Schulen, Lehrstelle, Jobs, ganz normal

1976/1977 wurde ich Rebell wegen meinem Vater

Schon 1973 oder 1974 war nix mit Floh de Cologne

Meine Lehrerin hatte das Konzert eingeladen

Einer war nicht da: ich! Zu politisch, zu links

Nuuur ein Beispiel - desweiteren weiß nur ich

Und Vater im Himmel (Mutter weiß es nicht)

Mutter war auch "dabei" - immer schöne Kleidung

Meine Individualität ging damals flöten

Ich hätte damals mehr Power machen müssen

Good Times Bad Times

Good Times mit Pilze sammeln mit Vater

Heilig Abend Tradition

Mit Großvater-Nachmittage

Währenddessen schmückte Mutter den Baum

Ab 1978 mein Auto mit Freiheit, Unabhängigkeit

Freunde, Städte, Dörfer, Frauen, Musik, Leben

Genesis, Pink Floyd, The Police, Neil Young...

Leider hatte ich zu viele Autos (Unfälle)

Ab den 1990ern war da nix mehr viel

Besuche, weil es halt war

Bestimmten Themen wurden nicht erwähnt

Ich komm mir vor wie BAP mit

Verdamp lang her:

Noch heute seit 2017 hab ich noch Zwiegespräche

Mit Vater

Andererseits ist Vater ein Schutzengel von mir

Diverse Leben in Einem

Verlobte 1987 bis 1992, könnte heute noch sein

Mannheim-JVA-Job aus den 1980ern

Seit knapp 4 Jahre wäre ich Pensionär

Aber der Job war leider "vergeben"

1978/1979 Bundeswehr, zivil hätte ich seit 1980

arbeiten können - ging dann doch nicht

2003 "Italienischer Sommer" in KL

2005 auch ein cooler Sommer (Job)

Ca 2012/2013 OK-KL-TV, cooler Job

Mit 5 Musikshows als Produzent/Moderator

Es gibt viele Wege, Kurven, Abkürzungen, Berge, Täler

In einem Leben - Zeit und Raum war bei mir nie paralell

Seit 2015 bis 2017 neues Leben - zweierlei

1. Umzug in new life, new residence

2. One Day nach BTW 2017 mein Schlaganfall

Ein neues neues Leben mit Schlaganfall

Gott hat immer Wege, Fragen, Erörterungen, Erfahrungen

Wie jetzt: Mutter hatte mit 85 Schlaganfall

In der gleichen Klinik, gleiche Abteilung

Seit Vater in die nächste Lebensdimension ging

Hatten wir uns näher verstanden - weil Vater nicht der Boss war

Jetzt bin ich gespannt in meiner Zukunft mit meiner Mutter

Bin gespannt, was 78, 82 oder 91 ist, z.B. wegen Pflegeheim

Nur ein Szenario! Aber in Deutschland Pflegeheim? No Way!

Dann eben ab nach "Es fährt ein Zug nach Nirgendwo"...

Meine Losung an meiner Zimmertür in der Alzey-Klinik 2017:

Rust Never Sleeps

Und seit 2017 hatte ich sehr viele ISBN-Bücher geschrieben

Aber viele Bücher ist für mich EIN Buch mit Leben, Momentums

Musik, Erinnerungen, Philosophie, Erlebnisse, Fotos...

C P Gerd Steinkoenig Gerd F Steinkoenig Gerd Gerd 12.08.2023

DIVERSE LEBEN IN EINEM TEIL 2

Mein Leben in einer Lyric - zu wenig

1986 Globetrotter-Zeitlos-Tour in z.B.

Avignon, Genf, Llorett, Lyon...

In dieser Zeit mein bestes Leben ever

Ca 2010 Job in Stadtverwaltung KL

Referat Kultur

2016/2017 Seniorenbetreuer in

Annweiler

Meine Konzerte mit Genesis, Pink Floyd,

U 2, Neil Young, Jethro Tull, BAP,

Marillion, Udo Lindenberg, Spliff etc etc

Meine Kneipen und Discos von

Smile bis Old Vienna

Von Why Not bis Dicker Engel

Diverse Leben in Einem

Vor einer Sekunde war vor 42 Jahren

Ein Gedanke von 17 Sekunden

Vor 35 Jahren

Wundergehirn, Hirncomputer mit Feel

Ich bin Zeitensammler

Tagebuch 1975 (verschollen)

Story of Rock 1983 (verschollen)

Seit den 1990ern Mappen mit Schreibe,

Listen, Hefteausschnitten, Zeiten

Mein Urknall mit ZEIT (Wochenblatt KL)

Zeiten seit meinen 2017-Büchern

Blood On The Rooftops (2017)

Danach (2019), Später ohne Buch, Art Brut

Die Story von populärer Musik

Kirschblüten Vollmond Zeitoasen (2023)

Und und und...

Zeiten mit Vater Teil 2

1970 bis 1972 FCK-Fußballspiele uffm Betze

Flutlichtspiel FCK vs Liverpool FC

Heute bin ich nur noch Liverpool-Fan

Hilfe von Vater für mich

Meistens wegen Geld

Und später dann doch "tätärä"...

Zeiten mit Mutter Teil 2

Ihre Ende der 1960er-"Erziehung"...

Unsere Weihnachtsmarkt-Tiffany-Verkäufe

Anfang der 2000er

Leben hat bei vielen Menschen

Diverse Leben

Vater und Mutter mit WW II bis Entbehrungen

Bis Eigenheim bis Fuerteventura-Urlaube

Gerd Steinkönig mit positiver Zukunft,

Positiven Energien mit positiven Lösungen

Das sagte Vater aus dem Himmel (2018):

Kampf Mut Wille Disziplin!

Und für immer meine Freiheit mit Träumen

Endlich Louvre Paris, endlich NYC

Endlich Familie - nur ein Traum!

Endlich Partnerin - nur ein Traum?

C P Gerd Steinkoenig Gerd F Steinkoenig Gerd Gerd

13. August 2023

KAPITEL 2

Wie immer... Geil auf alten Serien - besonders aus den 1970ern! Das Foto von eben aus der Serie Die Straßen von San Francisko - in einem meiner ISBN-Bücher hatte ich über die Serie beschrieben: Gewohnheit als wärs vor einer Sekunde, Vertrautheit mit Soundtracks, Gestiken, Dialoge, Straßenkreuzer, 70er Zeitgeist... Und nun 70er Serien-Award:

GOLD - Die Straßen von San Francisko

SILBER - Einsatz in Manhattan (Kojak)

BRONZE - Columbo

BRONZE - Der Kommissar

C P 9. August 2023 Gerd Steinkoenig Gerd F Steinkoenig Gerd Gerd

Gerd Steinkoenig

10. August um 14:46 ·

Mit Deine Freunde, Gerds Freunde und Gerds Freunde geteilt

Hatte gestern einen Poll über die besten Serien der 1970er Jahre geschrieben (Die Straßen von San Francisko etc)! Da dachte ich vorhin spontan, ich könnte ja den Rest auch noch "pollen":

80er Serien:

GOLD - Miami Vice

SILBER - Dallas

BRONZE - Denver-Clan

BRONZE - Schimanski-Tatort-Serie

90er Serien:

GOLD - Twin Peaks

SILBER - Akte X

BRONZE - Babylon 5

BRONZE - Roseanne

21. Jahrhundert:

GOLD - Prison Break

SILBER - Sons of Anarchy

BRONZE - Babylon Berlin

BRONZE - Dallas (2. Auflage)

60er Jahre:

GOLD - Raumpatrollie Orion

GOLD - Mit Schirm Charme und Melone

SILBER - Daktari

BRONZE - Flipper

Erklärungen - in den 60ern ist pi mal Daumen und Orion war erst später. Im 21. Jahrhundert sind nicht mehr so viele oder nicht mehr Klasse/Niveau. Außer Konkurenz sind die Star Trek-Serien (im Prinzip sogar bei 4 Jahrzehnten, in den 60ern Star Trek Classic bis vor Kurzem Star Trek Discovery). Doctor Who hatte auch zu viele Jahrzehnte, Doctor Who ist aber geil! The Simpsons war mal meine Nr 1 - seit Jahren sehe ich es nicht mehr (wegen Trump... Trump ist von der Propaganda soo, wie die Simpsons und Co drauf sind - American Way of Life!)

Und natürlich: da sind natürlich noch 1000 Serien: Der Bulle von Tölz, Derrick, Der Fahnder, Mannix, Lassie, Die Profis, Starsky & Hutch, Eine schrecklich nette Familie (Al Bundy), Das A-Team, Ein Colt für alle Fälle, Wer ist hier der Boss, Alf, Alles Atze, Der Alte (besonders der 1. Alte: Siegfried Lowitz), Golden Girls, Abschnitt 40, Die Straßen von Berlin, Boerne-Tatort-Serie, Poriot (ONE-Serie), Murdoch Mysteries, Miss Fishers mysteriöse Fälle, Beck, Wallander, Balko, Invasion von der Wega, Mondbasis Alpha, Percy Stuart, Graf Yoster gibt sich die Ehre, Ein Fall für Zwei (2 Auflagen), Familie Feuerstein, Gizzy & die Lemminge etc etc etc...

Und nochmal: GOLD Winner Miami Vice ist MEINE Nr 1-Serie, die 4 70er Winner sind komplett in den Ewig Top 10, plus Dallas (2 Auflagen), Doctor Who, Star Trek - TNG etc...

C P 10. August 2023 Gerd Steinkoenig Gerd F Steinkoenig Gerd Gerd

KAPITEL 3

EINE NEUE ALBUM-VARIANTE auf den Punkt mit NUR 5 Alben je Jahrzehnt! Unmöglich! Allein aus den 60ern wäre 5 x The Beatles, bei den 70ern wäre 5 x Genesis oder 5 x Pink Floyd etc... Aber natürlich je Jahrzehnt im 20. Jahrhundert mit diversen Genres und Künstler:

1960er

Abbey Road (The Beatles)

Beggars Banquet (Rolling Stones)

Truth (Jeff Beck)

The Velvet Underground & Nico

Happy Trails (Quicksilver Messenger Service)

1970er

Seconds Out (Genesis)

The Dark Side Of The Moon (Pink Floyd)

The Kick Inside (Kate Bush)

Made In Japan (Deep Purple)

Untitled (Led Zeppelin)

1980er

Ghost In The Machine (The Police)

Love Over Gold (Dire Straits)

Freedom (Neil Young)

The Joshua Tree (U 2)

Black Celebration (Depeche Mode)

1990er

Nevermind (Nirvana)

3 Years, 5 Months And 2 Days In The Life Of (Arrested Development)

Whats The Story Morning Glory (Oasis)

Use Your Illussion I & II (Guns N Roses)

Raveland (Marusha)

DESWEITEREN aus dem 20. Jahrhundert: Harvest (Neil Young), Born In The USA (Bruce Springsteen), Blue Lines (Massive Attack), Back In Black (AC/DC), Electric Ladyland (Jimi Hendrix), Thriller (Michael Jackson), Crime Of The Century (Supertramp), Heroes (David Bowie), And then there were three (Genesis), Animals (Pink Floyd), White Album (The Beatles), Sweet Heart Of The Rodeo (The Byrds), Hotel California (Eagles), Rumours (Fleetwood Mac), Yessongs (Yes), Purple Rain (Prince), Live At Leeds (The Who) etcetcetc....

5 DEUTSCHE ALBEN

Ballhaus Pompös (Udo Lindenberg)

Nina Hagen Band

Mensch Maschine (Kraftwerk)

Lovedrive (Scorpions)

4:99 (Die Fantastischen Vier)

C P 07. August 2023 Gerd Steinkoenig Gerd F Steinkoenig Gerd Gerd

KAPITEL 4

Wie ein Baum

Der barmherzige Gott segne dein Leben.
Er lasse dich wachsen
und gedeihen wie einen Baum.

Gott schenke dir Wurzeln,
die tief im Leben gründen
und dich aus der Quelle des
Gottvertrauens speisen.

Gott verleihe dir
Standfestigkeit;
einen Stamm,
der den Stürmen
des Lebens widersteht.

Trotzig und getrost wachse
zum Himmel empor.

Gott lasse die Sonne scheinen über dir,
er gebe Wärme und Weite.

Großzügig mögen sich ausbreiten
deine Äste und Zweige.
Die Vögel sollen darin ihre Nester bauen

und Früchte mögest du sehen
zu seiner Zeit;
Früchte deiner Arbeit und Liebe.

Frühling und Sommer,
Herbst und Winter,
das ganze Leben
schenke dir Gott.

Er lasse dich reifen zum ewigen Leben.

Reinhard Ellsel

Sehr schönes Gedicht aus

Miteinander auf dem Weg August 2023

Standfestigkeit, Stamm, Gottvertrauen... Sehr schön für mein Leben!

KAPITEL 5

Leider wieder FORTSETZUNG FOLGT mit MUTTER: hatte diverse Anrufe mit der Alzey-Klinik. Meine Mutter ist immer noch desorientiert. Später telefonierten wir (endlich! Denn sie hat ihr wieder gefundene Handy, aber hat keine Ahnung von der SIM-Nummer! Und brauch immer Mutter-Telefonat mit der "Schwestern-Umleitung"). Sie hatte sich gefreut und gleich geweint und sie weiß nicht "das und das". Und wie ich Euch vorher geschrieben habe: sie ist negativ... Ich zu ihr: positive Energie, Geduld! Das weiß ich aus meiner eigenen Erfahrung (wie gesagt: selbe Station). Aber sie gleich, ach was soll da sein, kann ich nicht. Wie die Pflegerinnen drauf sind ist Mutter "ewig", das dauert!

Gerd Steinkoenig

6. August um 15:20 ·

Meine Stärke wird noch stärker! Meine Mutter ist da unbeholfen und desorientiert in ihrer Klinik wegen Schlaganfall, neuen Umgang und ihr Alter. Ich bin eben "Seniorenbetreuer" (hatte ich ja 2016/17) - aber ich brauch paralell auch meinen zeitlichen Abstand (wie sie halt drauf ist...)! Für meine eigene Gesundheit! Ich hab eigentlich 2 Betreuer: die eine ist im Urlaub, der andere ist krank - ich hoffe, er ist am nächsten Freitag wieder da. Mein spontaner Gedanke: für was - wo ich sie (mit Tipps) gerne hätte - brauche ich eigentlich diese Betreuer?!? Aber ok! Alles ist gut, alles wird gut! Meine positive Energien mit positiven Lösungen!

Hab vorhin Mutter angerufen! Es geht ihr gut (hatte vorher eine Pflegerin gemeint). Ich würde sagen als "Seniorenbetreuer": es geht ihr besser (ein Unterschied!). Denn sie hat ein bisschen besser gesprochen, aber sie hat sich jedesmal aufgeregt, als das Wort nicht kam. Ich hatte ihr informiert, das ist die Aphasie, eine Sprachstörung durch den Schlaganfall (das hatte ich ja auch!). Ich meinte - wie immer: positives Denken, Geduld, Motivation! Aber Mutter ist - auch da wie immer - negativ: sie hat keine Geduld und meinte, für was, sie sei schließlich 85. Ich dann, das ist unabhängig mit dem Alter, sie müsse doch dran arbeiten. Irgendwann wollte sie das Telefonat aufhören. Ich nehme an, aus Scham, weiter zu sprechen... Das war das neueste Up Date!

Ausschnitte mit Ba v L (Messenger):

Das ist doch genau, was ich meine, am Anfang hast du nicht verstanden und warst ungeduldig und z.T. auch wütend. Deine jetzige Haltung hast du dir auch erst im Laufe der Zeit und mit deiner Entwicklung zugelegt und deine Mutter steht eben am Anfang und ist noch in einer anderen Phase. Aber lassen wir das. Ich kenne dich zu wenig und habe ja immer nur kurze Blitzlichter mitbekommen, da kann ich keine Urteile abgeben. Tut mir leid, wenn ich zu vorschnell und persönlich war.

Sa, 15:09

Du hast Folgendes gesendet:

Alles ok!! Es ist immer schwierig, über "fremden" Menschen über meine Mutter zu reden. Im Endeffekt ist sie ein Unikum, diese Reaktionen und Charakter kennt nur meine Mutter... Wenn sie meint ach ich bin 85 und für was - das würde sie auch mit 50 sagen. Über einen Horizont zu gehen, kapiert sie nicht! Vater war der Boss über alles - nur mal ein Beispiel: Als Vater in die nächste Lebensdimension ging, hatte Mutter plötzlich gefragt: Wie kann man eigentlich einen Scheck schreiben? Wie kann ich das Auto tanken? (Sie hat einen Führerschein). Total positiv war sie um die 80 alles geschafft hatte: sie kann gut mit dem Laptop agieren mit e-mails etc. Da war sie besser wie Vater, lach ☺ Aber Mutter hat keine positiven Gene...

Du hast Folgendes gesendet:

Sorry, scheiß Wortautomatik...

KAPITEL 6

A little little Sammlung aus meinen Heften ☺ 10. August 2023 #facebook #magicmirror1959 #magicmirror1959art #magicmirror1959musik (3 Instagram Accounts)

Fotos des Autors (2023)

NACHWORT

Gerd Steinkoenig

Gestern um 19:47 ·

1. Der geilste Zeichentrick war in den 1960ern (Beatles-Film Yellow Submarine)

2. In ca 3 Monaten werde ich auch 64!! Wer hätte das gedacht...

4. ...das es mit mir mit 64 sooo dann ist!

5. Wie man eben mit 24 oder 26 war (siehe damals die Beatles)...

6. ...das man mit weißem Rauschebart über 64 dachte

7. Übrigens: am 9. November 2023 werde ich 64, ich kann es hören...

8. ...denn ich hab die 1966-1970-CD

C P 12. August 2023 Gerd Steinkoenig Gerd F Steinkoenig Gerd Gerd

The Beatles - When I'm Sixty Four (Official Video)

YOUTUBE.COM

The Beatles - When I'm Sixty Four (Official Video)

"When I'm Sixty-Four" is a song by the English rock band The Beatles, written by Paul McCartney